AF268313

A LA MÉMOIRE

DE

ARON VEIL-PICARD,

BANQUIER,

CHEVALIER DE LA LÉGION D'HONNEUR,

ANCIEN MEMBRE DU CONSEIL MUNICIPAL,

ADMINISTRATEUR DE LA SUCCURSALE DE LA BANQUE DE FRANCE,

MEMBRE DE LA CHAMBRE DE COMMERCE,

MEMBRE DE LA COMMISSION ADMINISTRATIVE DES HOSPICES,

Décédé le 20 septembre 1868,

ET ENTERRÉ LE 22 SEPTEMBRE 1868.

———

PAROLES FUNÈBRES

PRONONCÉES DANS LA MAISON MORTUAIRE,

PAR

J. AUSCHER,

RABBIN A BESANÇON.

A LA MÉMOIRE

DE

ARON VEIL-PICARD.

PAROLES FUNÈBRES

PRONONCÉES DANS LA MAISON MORTUAIRE,

PAR J. AUSCHER,

RABBIN A BESANÇON.

Avant que nous portions vers leur dernière demeure les restes mortels de feu Aron Veil-Picard, permettez-moi, mes frères, de vous adresser quelques courtes paroles : c'est une ancienne et sainte tradition en Israël, vous le savez, d'accompagner de nos vœux d'adieu et de revoir tous nos frères qui quittent ce monde; c'est un noble usage dont notre religion elle-même nous fait une loi ; mais jamais, j'ose l'avouer, ce devoir ne m'est apparu sous une forme plus impérieuse, plus pressante, plus obligatoire, que dans la triste circonstance qui nous réunit ici en ce moment; car je dois prêter aujourd'hui ma voix non-seulement à la douleur d'une famille, mais au deuil de toute une communauté; je dois exprimer ici non-seulement le regret profond de tout le judaïsme

français, qui perd un de ses plus estimables représen-
tants, mais encore l'affliction sincère, réelle, profonde,
de notre ville entière, qui se trouve privée désormais
d'une de ses plus pures et plus illustres personnalités....

Dans notre société moderne, mes frères, il n'y a plus
d'autre noblesse possible que celle donnée par le travail
et la probité : or, sous ce double rapport, feu Aron Veil-
Picard a acquis à sa famille une véritable et solide grandeur ; au prix d'un labeur incessant, continuel, il lui a
procuré une fortune considérable, solidement assise, ci-
tée au loin : par son irréprochable conduite commerciale, il lui a laissé, d'autre part, un nom sans tache,
une réputation brillante. C'est donc la reconnaissance,
la gratitude, qui tout d'abord fait sentir à ceux qu'il a
laissés ici-bas l'immensité de la perte qu'ils éprouvent,
la violence du coup qui les frappe ; mais il y a plus : son
fils, sa bru, ses petits-enfants pleurent surtout aujour-
d'hui le bon, l'excellent père qui s'est oublié lui-même
pour ne songer qu'à eux. Quel profond attachement,
quelle chaleureuse affection il avait voués à toutes ces
personnes qui tenaient à lui par les liens du sang ! C'é-
tait leur bonheur qu'il désirait, c'était leur prospérité
matérielle et morale qu'il rêvait sans cesse. C'est le pro-
pre, c'est la qualité de chaque père, me direz-vous
peut-être ? Sans doute : mais on n'en trouve pas beaucoup qui aient pensé si peu à leurs propres jouissances,
à leurs satisfactions personnelles, qui se soient accordé
à eux-mêmes une si petite part dans les plaisirs que peut
procurer une fortune importante, et qui aient réservé,
pour ainsi dire, tout ce que la richesse offre de doux et
d'agréable pour ceux qu'ils aimaient. C'était surtout ses

petits-enfants qu'il voyait avec bonheur grandir sous ses yeux et égayer sa vieillesse laborieuse par leurs jeux enfantins. Ah ! son grand, son suprême souhait était de les voir encore franchir le seuil de la vie sérieuse, de pouvoir encore les contempler assistant leur père dans sa tâche commerciale ou faisant leurs premiers pas dans des carrières littéraires ou scientifiques. Hélas ! c'est une satisfaction qui lui a été refusée : mais ne murmurons point ; humilions-nous sous les décrets impénétrables de la Providence, et redisons avec un de nos anciens rabbins : « Tout ce que l'Eternel fait est bien et sagement ordonné. »

Notre communauté perd en feu Aron Veil-Picard un de ses patriarches, un de ses fondateurs : il était parmi les premiers israélites qui sont venus s'établir à Besançon ; il a contribué à élever toutes les institutions qui alimentent et entretiennent dans notre sein le sentiment religieux ; notre synagogue actuelle, c'est lui qui a contribué à l'édifier ; notre temple qui s'élève, c'est encore à sa générosité que nous devons le plus beau des dons qui nous en ont facilité la construction. Mais pourquoi vous parler de son concours matériel, quelque efficace d'ailleurs qu'il ait été, alors que je devrais surtout appeler votre attention sur le rôle moral qu'il jouait parmi nous ? Il était l'ornement et comme la couronne des israélites bisontins : son influence planait sur nous et nous protégeait ; son immense autorité nous aplanissait mainte difficulté ; sa puissante intervention nous faisait triompher de tous les obstacles ; il nous couvrait de son prestige, nous nous réchauffions aux rayons de sa brillante personnalité.

*

O vous, son fils, qui pleurez en ce moment près de ce cercueil, si j'osais troubler un instant votre douleur, vous faire entendre ma voix au sein de votre affliction, que nous comprenons, que nous respectons, que nous partageons tous, je vous prierais, dans ce lourd héritage d'honneur, de considération, mais aussi de devoirs multiples, que vous avez à recueillir, je vous prierais de conserver surtout à notre communauté, à votre religion, le concours réel, l'attachement, peu éclatant peut-être au dehors, mais profond et inébranlable, que feu votre père leur avait voués ; n'oubliez pas, je vous en conjure, cette partie si belle, si noble, dans l'œuvre que vous êtes appelé à continuer et qui, vous nous en avez déjà donné des preuves irrécusables, ne périclitera point entre vos mains ; continuez à couvrir notre culte sacré du prestige qui est attaché au nom que vous portez ; cultivez-la et aimez-la, cette douce croyance, qui enserre dans ses bras maternels, qui abrite sous son égide, qui protége de ses ailes, qui berce de ses immortelles espérances tous ceux des vôtres qui vont dormir désormais sous le gazon de notre champ de repos, votre noble mère, votre vieux père, et ces deux pauvres petits êtres, vos jeunes enfants, enlevés trop tôt à votre affection, moissonnés à la fleur de leur âge.

Cependant la douleur qui nous oppresse en ce moment, l'affliction qui nous arrache des larmes si amères, ne s'arrête pas aux limites de notre communauté : elle s'étend beaucoup plus loin : elle atteint, elle concerne tout notre judaïsme français.

Vous vous rappelez sans peine, mes frères, quelle a été la triste situation des israélites pendant le moyen âge et jusqu'à la fin du siècle dernier : ils étaient un objet de mépris et de haine pour leurs concitoyens ; leur nom même était devenu une injure ; on les accusait de haïr ceux qui n'étaient point de leur culte : on leur reprochait surtout leur déloyauté commerciale et, disons le mot, leurs affaires usuraires.

Mais quand on lit attentivement l'histoire de cette sombre époque, on arrive forcément à justifier et à excuser nos pères : en effet, traqués, persécutés, martyrisés partout, ne pouvant pas même échapper à leurs ennemis comme le cerf échappe au chasseur, puisqu'on les avait parqués dans d'affreux Ghetto dont les portes massives se fermaient sur eux tous les soirs ; empêchés par des lois barbares d'exercer l'agriculture, les arts et les métiers honnêtes ; obligés, d'autre part, à racheter journellement, au poids de l'or, leur existence et celle de leurs familles : comment, je vous le demande, pouvaient-ils nourrir à l'égard de leurs persécuteurs d'autres sentiments que ceux de la haine, comment pouvaient-ils être autre chose que des usuriers ?

Mais quand en 1789 la société française nous ouvrit les bras, le changement fut prompt, radical ; les anciennes mœurs disparurent, un autre esprit nous anima ; nous rentrâmes, sous l'action bienfaisante de la tolérance, dans le véritable sens de la loi biblique et talmudique, qui nous commande d'aimer notre prochain comme nous-mêmes, sans distinction de culte :

« *Tu aimeras ton prochain comme toi-même.* » *(Lévitique* et *Talmud,* passim.)

Et néanmoins les préjugés ne disparurent pas tout d'un coup : la loi était bien équitable, mais dans les habitudes, dans les relations sociales, on conservait à notre égard un reste de défiance; que dis-je? aujourd'hui nous sentons encore parfois le vieux levain du moyen âge fermenter sous nos pieds, les anciennes rancunes retrouver, par moments, comme une lueur de vivacité passagère.

Aussi s'est-il élevé dans notre sein toute une pléiade, toute une série d'hommes marquants en tous genres, qui se sont proposé pour but et pour tâche de réhabiliter complétement le judaïsme, de s'imposer d'une façon irrésistible, par leur conduite exemplaire, au respect et à la considération de leurs concitoyens, d'étouffer sous le poids de leur honnêteté et de leur probité le monstre, à la vie si dure, de l'intolérance.

Tel a été feu Michel Goudchaux, de Paris : pendant nos troubles politiques, au moment où tous les caractères étaient suspects à un peuple surexcité et égaré, son désintéressement et son honorabilité étaient si universellement reconnus, que le portefeuille des finances lui fut confié.

Tel fut encore feu Salomon Munck, un des hommes les plus savants et les plus estimés de toute la France.

Tels furent, en d'autres branches, Meyerber et Halévy, deux illustrations dont notre pays s'honore.

Tel aussi a été feu Aron Veil-Picard : par sa conduite, par sa vie entière, il a montré que le judaïsme peut enseigner et enseigne en effet à ses adhérents tout ce que l'honneur a de plus raffiné, tout ce que la probité a de plus scrupuleux ; il a fait voir que l'israélite a déposé les vieilles erreurs du temps passé, s'est corrigé, amendé de toutes les fautes qn'on lui reprochait,

s'est mis à la hauteur de toute la délicatesse de la cons-
cience et de la civilisation modernes. En répandant ses
bienfaits, dans une mesure vraiment extraordinaire, sur
les institutions et les pauvres de tous les cultes, il a
prouvé que nous considérons tous les hommes comme
nos frères, à quelque croyance qu'ils appartiennent ;
en ouvrant les portes de son amitié puissante à tous
ceux qu'il en jugeait dignes, sans avoir égard au dogme
qui les dirigeait, et en favorisant les étrangers à l'égal
de ses coreligionnaires, il a clairement établi que la
tolérance et le libéralisme le plus sage règnent dans la
Synagogue. Vous dirai-je même ici toute ma pensée? Il
me semble que l'existence de feu Aron Veil-Picard
met en évidence un fait bien curieux, à savoir que le
judaïsme moderne a réalisé peut-être plus de pro-
grès dans le sens de son amélioration, de son perfection-
nement, que l'on n'en a réalisé ailleurs dans l'oubli
des anciens préjugés. Je ne crois pas, au moins, qu'on
ait vu jusqu'à présent un partisan d'un des cultes non
israélites tenant, dans la répartition de ses dons, dans le
développement de ses devoirs sociaux, la balance si abso-
lument égale entre tous ses concitoyens, sans songer à
favoriser les siens plus que les autres. Aussi vous répéte-
rai-je ici encore, sans hésitation, que le judaïsme perd en
feu Aron Veil-Picard un de ses plus nobles représen-
tants, un de ses plus illustres enfants, un homme qui
rendait par sa vie et ses œuvres un éclatant témoignage
à la beauté et à la haute valeur de notre croyance reli-
gieuse.

Mais je dois vous parler maintenant de l'existence de
feu Aron Veil-Picard dans ses rapports et ses relations

avec notre ville, avec nos concitoyens ; c'est là le côté
de sa vie qui nous touche le plus et qui nous laissera
aussi les plus vifs souvenirs. Ah ! que n'ai-je une voix
plus éloquente pour vous retracer ici le bien immense
qu'il a fait au milieu de notre cité ! Son temps, son acti-
vité, son concours matériel, étaient acquis à toutes nos
administrations, à toutes nos institutions ! Pas un mo-
nument n'a été érigé, pas un édifice public n'a été élevé
depuis vingt-cinq ans à Besançon, pas une amélioration
n'y a été réalisée, dont il ne revienne une part à la sol-
licitude de feu Aron Veil-Picard. Aucun de nos intérêts
municipaux ne lui est resté étranger : les pauvres de
cette ville, les pauvres surtout, répéteront encore bien
longtemps son nom béni et vénéré! Mais qu'ils ne
tremblent, qu'ils ne craignent point pour l'avenir !
L'héritier de tant de grandeur n'est point au-dessous de
sa tâche, il continuera dignement, sous ce rapport
comme sous tous les autres, la belle carrière inaugurée
par son noble père.

C'était là son action publique, officielle, si je puis
m'exprimer ainsi. Mais pénétrez maintenant avec moi
dans son intimité, nous découvrirons ici de nouveaux
trésors de bonté et de générosité. Feu Veil-Picard père
était l'homme des bons et salutaires conseils ; plus d'un,
sans doute, parmi vous, mes chers auditeurs, a été
guidé et dirigé par sa vieille et solide expérience commerciale. C'est qu'il était complétement exempt de cette
étroitesse d'esprit et de cœur qu'on reproche ordinaire-
ment aux négociants ; c'est que, loin d'être jaloux de la
prospérité d'autrui, il en était heureux au contraire,
il cherchait à la provoquer, à la faire fleurir par ses con-

seils et ses exhortations. Il y a plus : je ne crains pas de dire qu'il avait élevé le commerce jusqu'à la hauteur d'une mission sociale et presque d'un sacerdoce. Pendant cette désastreuse époque de 1848, quand toutes les bases du crédit étaient ébranlées dans notre pays, il est resté vaillamment sur la brèche, encourageant les timides, soutenant les faibles, relevant et étayant ceux qui trébuchaient, empêchant enfin, par sa belle attitude, plus d'un désastre, plus d'une catastrophe. Il a été comme la providence de toute cette contrée.

Mais oserai-je vous exprimer ici toute ma pensée? Il me semble que les rues, que les pierres mêmes de notre ville, vont pleurer la perte de cet homme : sa présence les animait, son absence va leur imprimer comme un cachet de solitude. Sûrement, nous ne pourrons plus passer devant cette maison sans chercher des yeux, involontairement et par une ancienne habitude, ce vieillard à cheveux blancs, à la tête belle et intelligente, à la prestance si noble, au sourire si bienveillant, à l'accueil si simple, si affable et si cordial. Tout ce quartier de notre ville va être désormais comme couvert d'un voile de tristesse et de deuil ! — Non, nous ne le reverrons plus ici-bas ! Non, nous ne lui parlerons plus, nous ne lui serrerons plus la main ! — Mais nous le retrouverons, ô frères, dans le ciel, dans le séjour des bienheureux avec nos ancêtres, dans le sein de notre patriarche Abraham !

Adieu donc, ô frère en Israël ! Tu as laissé sur cette terre un sillon lumineux ! Tes jours ont été pleins et remplis comme ceux de notre père Jacob ! Tu as eu le bonheur, avant de mourir, de voir ton fils assis à ton

chevet et cherchant à te disputer à la mort par ses ca-
resses et ses embrassements ! Tu as eu la consolation,
avant d'expirer, de savoir que ton œuvre serait conti-
nuée avec honneur et intelligence ! Tu emportes les
regrets, l'admiration de tes coreligionnaires, de tes
concitoyens, de tous ceux qui t'ont connu ! Tu as eu, sur
la fin de ta carrière, la suprême satisfaction de voir le
ruban de la Légion d'honneur orner ta poitrine, et de
posséder ainsi une preuve manifeste que dans les
sphères les plus élevées de notre société, on savait aussi
apprécier tes mérites et tes services ! Ta carrière terrestre
a été abondamment fournie. Va maintenant dans le ciel,
va retrouver ton épouse, qui t'y attend depuis de longues
années, va recevoir là-haut la récompense de tes œuvres !

Que Dieu t'accueille avec miséricorde !

Qu'Il te soit favorable dans le jugement !

Et puisses-tu être assis à la droite du Seigneur !

Adieu, frère, adieu !

BESANÇON, IMPR. DE J. JACQUIN.

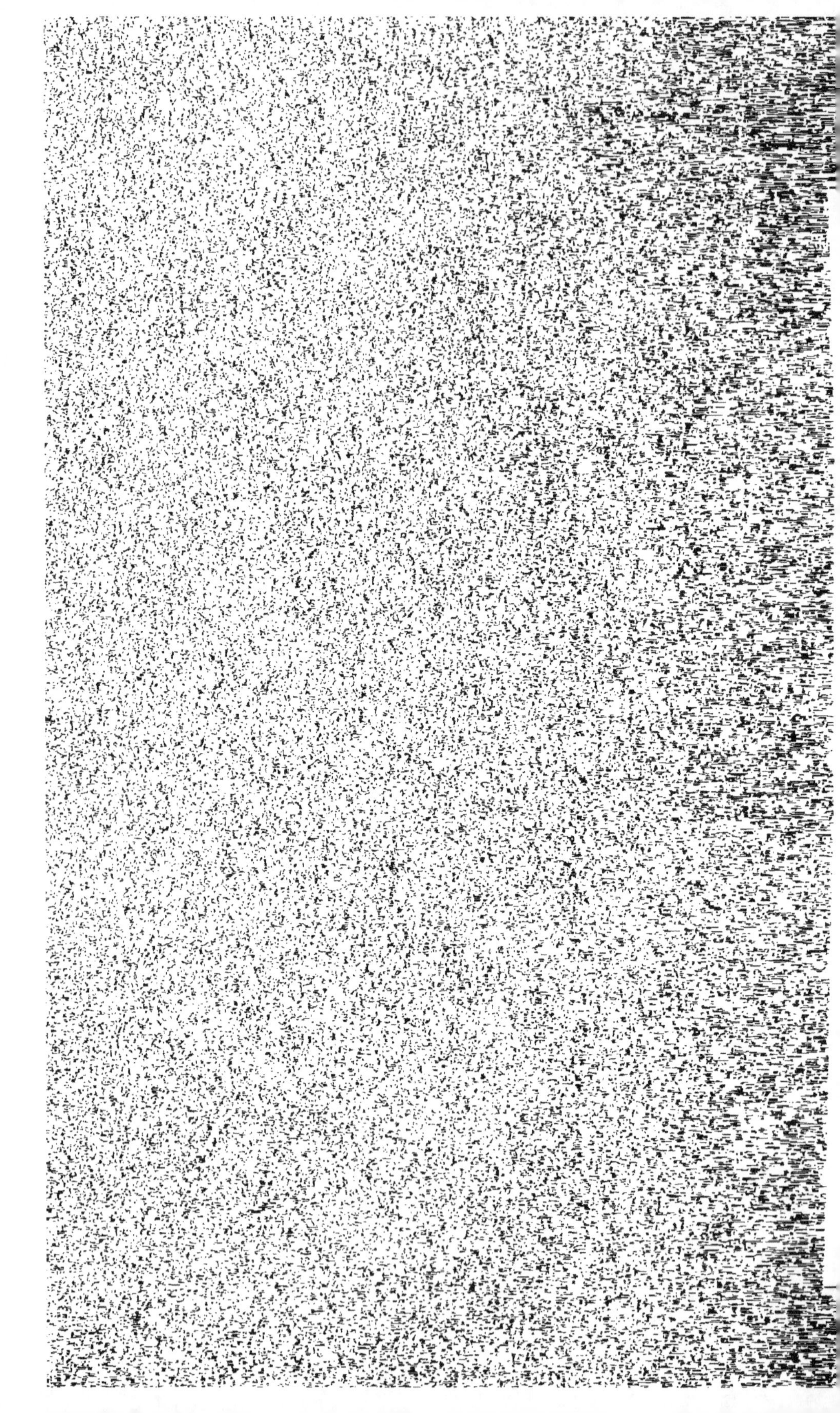